ORATHAY & VANIA
PHOTOGRAPHIES DE DEIRDRE ROONEY

DÉCO

DE PÂTISSERIE

LE PETIT DÉCOR QUI FAIT TOUTE LA DIFFÉRENCE SUR UN DESSERT OU UN GÂTEAU

MARABOUT

SOMMAIRE

La base

Les leçons

la base

LES INGRÉDIENTS*

FONDANT

Mélange de sucre, d'eau et de glucose que l'on utilise pour glacer les choux et les éclairs, le fondant s'achète tout prêt dans les épiceries spécialisées. On peut ensuite l'aromatiser et le colorer. Souvent conditionné par kg, il se conserve presqu'indéfiniment à température ambiante.

PÂTE DE PISTACHE

Élaborée à partir de pistaches torréfiées et broyées, c'est elle qui donne leur arôme de pistache aux préparations pâtissières. Elle existe colorée ou 100 % naturelle. La version colorée donne ce vert spécifique aux préparations à la pistache. La version naturelle, plutôt jaune kaki, compense son aspect moins alléchant par un goût plus subtil. Conditionnée le plus souvent par pots de 400 ou 500 g, il faut la conserver bien filmée dans un pot hermétique au réfrigérateur. Remuer à la cuillère avant utilisation.

MATCHA

Thé vert japonais en poudre, utilisé en cuisine pour parfumer délicatement biscuits et entremets. Sa légère amertume permet de compenser et d'équilibrer les saveurs très sucrées. Il se marie parfaitement avec le chocolat blanc.

Tous ces ingrédients se trouvent en magasin spécialisé ou sur internet.

PISTACHES CRUES ÉMONDÉES

À réduire en poudre ou à concasser, elles parfument et apportent du croquant aux crèmes et aux entremets. Passées quelques minutes à la poêle ou dans un four chaud, elles exhalent toutes leurs saveurs. Comme tous les fruits oléagineux, les pistaches rancissent vite. Les conserver dans un sac bien hermétique et les consommer rapidement.

FEUILLES D'OR

Feuilles de décoration très fines généralement utilisée sur les gâteaux au chocolat ou les macarons, elles se présentent dans le commerce sous forme de carnet de 25 feuilles. Très fragiles, volatiles et très adhérentes, elles se manipulent avec précaution et s'appliquent avec la pointe d'un couteau. Pour éviter qu'elles ne se froissent, les conserver sous enveloppe, à plat dans un tiroir.

GAVOTTES

Aussi appelées crêpes dentelles, les gavottes sont très fines et très croustillantes. Écrasées et mélangées à du chocolat fondu, elles permettent de réaliser ce que l'on appelle en pâtisserie le « pailleté feuilletine ». C'est ce qui donne leur croquant aux entremets à base de mousse.

BILLES ARGENTÉES

Billes de sucre, dont la taille et la couleur peuvent varier.

PÂTE D'AMANDE

Mélange de poudre d'amandes et de sucre. En fonction de la quantité d'amandes qu'elle contient, on l'utilise plutôt pour la décoration (22 % d'amandes) ou pour la confection de biscuits (plus de 50 % d'amandes). Plus le pourcentage est élevé, plus la pâte d'amande est molle et riche en goût. La conservée bien filmée et la consommer rapidement.

PÉTALES DE FLEURS

Choisir des fleurs alimentaires biologiques de préférence. Cristalliser les pétales (ils se conservent alors plus longtemps) ou les consommer frais.

LES COLORANTS MODE D'EMPLOI ET COULEURS

1

LES COULEURS BRUTES ET MÉLANGÉES

Le fondant sert en général de base aux préparations colorées. Avec trois couleurs primaires (en poudre ou en gel) et de la poudre colorante blanche, on peut créer sa palette de couleur.

Préparer 800 g de fondant et colorer : 150 g en jaune, 150 g en rouge, 150 g en bleu et 150 g en blanc.
Réserver 200 g de fondant incolore.

POUR FAIRE DU ROSE

Mélanger 3 cuillères à soupe de fondant incolore à 1/2 cuillère à café de fondant rouge. Si le rose est trop intense, l'atténuer en ajoutant du fondant incolore ou du fondant coloré en blanc.

POUR FAIRE DU VIOLET

Mélanger 2 cuillères à soupe de fondant rouge et 2 cuillères à soupe de fondant bleu. Ajuster.

POUR FAIRE DU VERT PASTEL

Mélanger 1 cuillère à café de fondant jaune, 1 cuillère à café de fondant bleu et 3 cuillères à soupe de fondant incolore ou fondant coloré en blanc. Ajuster.

PEUT-ON TOUT COLORER ?

Il est même possible de colorer tout type de préparation, avec du colorant en gel ou en poudre.

1-Fondant coloré à la poudre couleur jaune d'œuf

2-Ganache chocolat blanc colorée à la poudre bleue

3-Glace royale colorée au gel rose

4-Chantilly colorée au gel vert

2

3

4

DU BON USAGE DE LA POCHE À DOUILLE

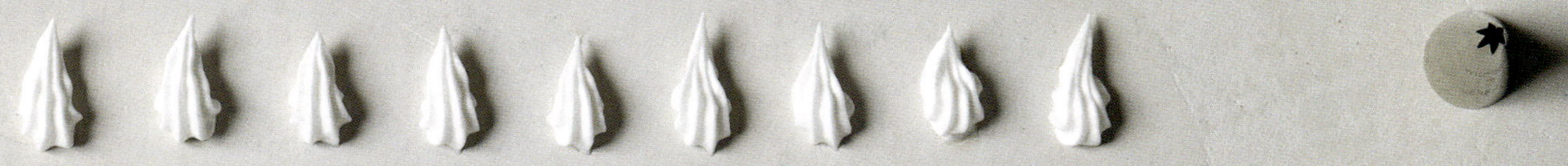

MODE D'EMPLOI

Prendre une poche à douille jetable et choisir une douille. Couper le bout pointu de la poche sur 3 cm environ (prendre en compte le diamètre de la douille).

Insérer la douille dans la poche, et la pousser jusqu'au bout. Afin d'éviter que l'appareil ne s'écoule lors du remplissage, obstruer la douille en poussant le plastique de la poche vers l'intérieur.

Remplir la poche avec l'appareil. Tasser l'appareil pour éviter les bulles d'air, puis tourner la queue de la poche jusqu'à ce que l'appareil commence à sortir. Faire un nœud pour une utilisation différée.

QUELLES DOUILLES POUR QUEL DÉCOR

1-PETITE DOUILLE CANNELÉE : DÉCOR COQUILLAGE À LA GLACE ROYALE

Presser la poche à douille pour former la boule du bas, puis tirer vers le haut, sans presser la poche, pour finir la forme.

2-PETITE DOUILLE RONDE : DÉCOR À LA GLACE ROYALE COLORÉE

Presser légèrement la poche à douille et tirer le fil pour dessiner une première ligne de vagues, puis continuer en en dessinant une deuxième en dessous.

3-GROSSE DOUILLE À SAINT-HONORÉ : VAGUES DE CHANTILLY LISSES

Presser légèrement et régulièrement la poche à douille et dessiner des vagues.

4-GROSSE DOUILLE CANNELÉE : VAGUES DE CHANTILLY CANNELÉES

Presser légèrement et régulièrement la poche à douille et dessiner des vagues.

la base

LES USTENSILES, LES MOULES ETC.

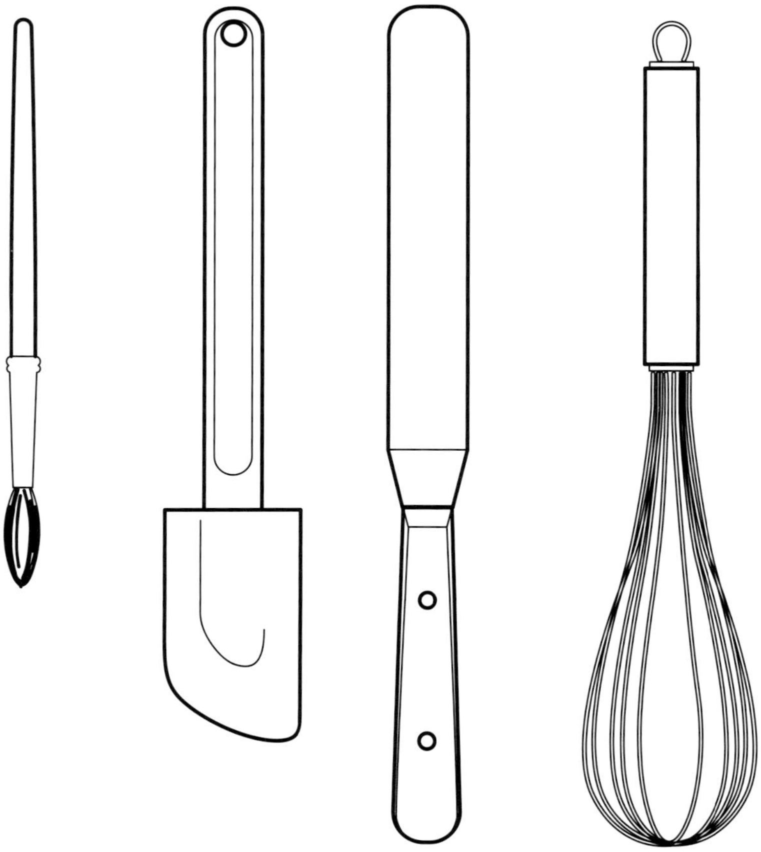

MARYSE, PINCEAU, SPATULE COUDÉE ET FOUET

La maryse : bien souple, elle est indispensable pour mélanger délicatement un appareil (œufs à la neige ou crème fouettée) et permet de le récupérer en épousant parfaitement les parois du plat.

Le pinceau : selon sa taille, il permet d'appliquer du chocolat fondu sur les parois d'un moule ou d'imbiber un biscuit de sirop.

La spatule coudée : elle permet de lisser un appareil de manière régulière, en retirant l'excédent. Grâce à sa forme coudée, elle reste bien à l'horizontale dans la main, permettant d'éviter les dénivelés et d'aller dans tous les coins. Idéale pour répartir uniformément le glaçage d'un gâteau.

Le fouet : il sert en général à battre ou à mélanger une préparation en évitant la formation de grumeaux. Il permet également d'incorporer de l'air dans certains appareils (blancs d'œufs, crème, etc.). Plus le fouet est gros, plus on incorpore d'air.

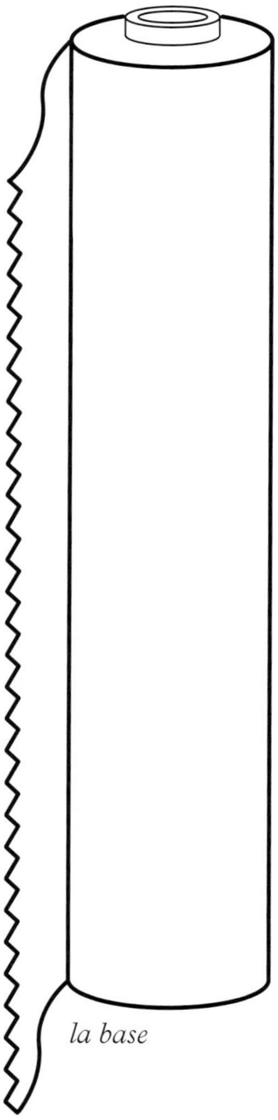

TAPIS DE CUISSON SILPAT®

Tapis de cuisson hautement antiadhésif et réutilisable, le silpat® est indispensable pour les manipulations délicates (dentelle de caramel, tuiles fines) ou pour les ingrédients fragiles (chips de fruits). La petite astuce de chefs est d'utiliser deux silpats® pour éviter la déformation de certains aliments. Pour les chips de fruits par exemple, la cuisson des rondelles entre deux silpats® permet d'obtenir des chips parfaitement plates.

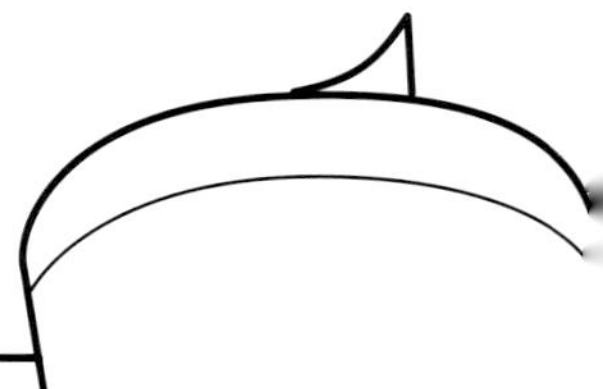

FEUILLE GUITARE OU FEUILLE DE RHODOÏD

La feuille guitare est une feuille de plastique spéciale utilisée par les pâtissiers et les chocolatiers. Elle est indispensable pour réaliser les préparations à base de chocolat (mendiants, bande de chocolat, etc.) : elle permet de décoller proprement le chocolat tout en conservant sa brillance. La feuille de rhodoïd, un peu moins rigide (et moins chère), fait aussi l'affaire. Le semi-rigidité de ces feuilles permet également de réaliser des pochoirs.

BANDE RHODOÏD

Placée à l'intérieur d'un cercle, la bande rhodoïd permet un décerclage rapide et propre. À utiliser pour les entremets ou les mousses prises au froid.

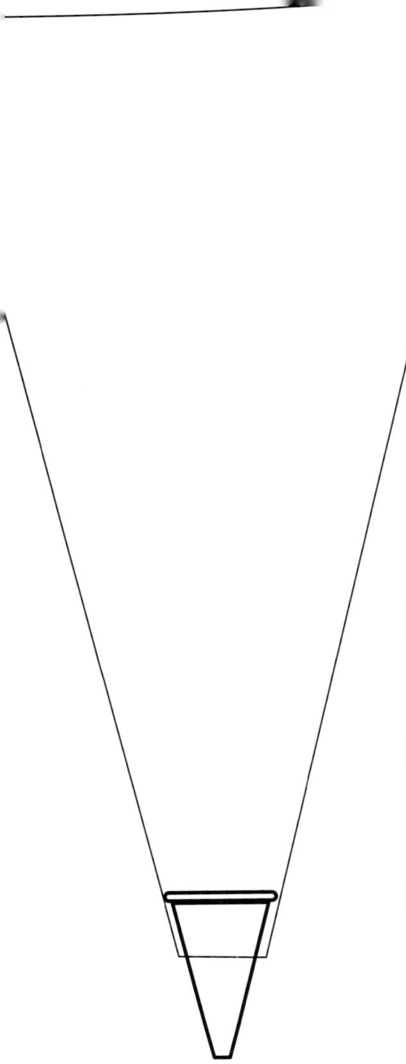

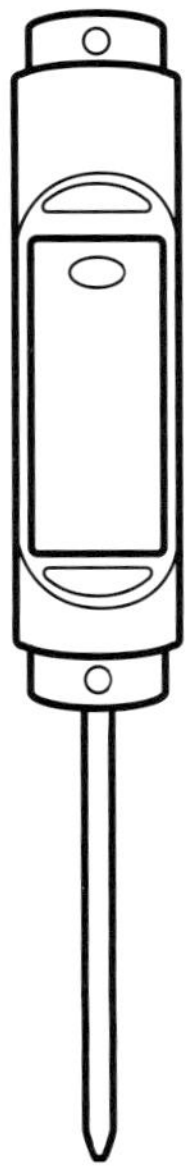

PLAQUE EN SILICONE MINI-CUBES ET DEMI-SPHÈRES

Mini-cubes : pour cuire des biscuits en forme de cube ou pour mouler des entremets ou des mousses que l'on congèle avant de démouler. Demi-sphères : pour cuire biscuits, financiers ou meringues en forme de demi-sphères, ou pour mouler glaces, mousses et entremets.

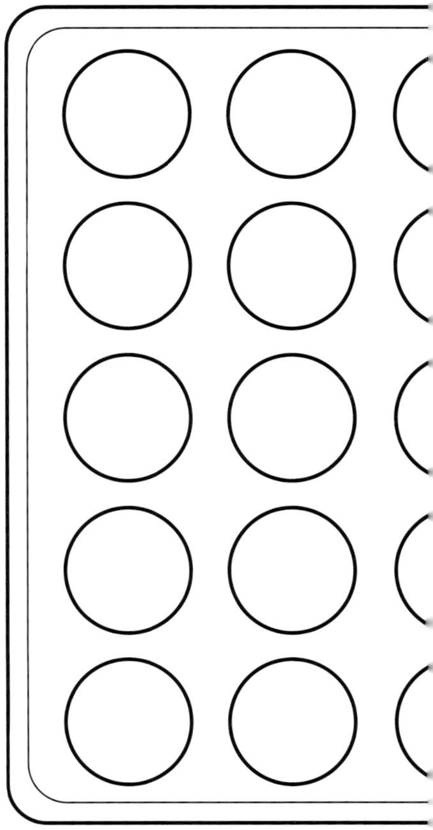

CAISSETTES

Utilisées comme empreintes, elles permettent de réaliser des moulages express en chocolat. On obtient la réplique de la caissette papier en version chocolat.

THERMOMÈTRE PÂTISSIER

Très utile pour une pâtisserie de précision, le thermomètre de cuisson n'est pas indispensable mais assure aux caramels et aux chocolats des réalisations parfaites.

CORNET PAPIER

Très pratique pour réaliser d'élégants décors, il permet d'écrire et de dessiner avec du chocolat : plier un rectangle de papier sulfurisé en forme de cornet et l'agrafer. Le remplir de chocolat fondu, rabattre le bord supérieur et découper l'embout.

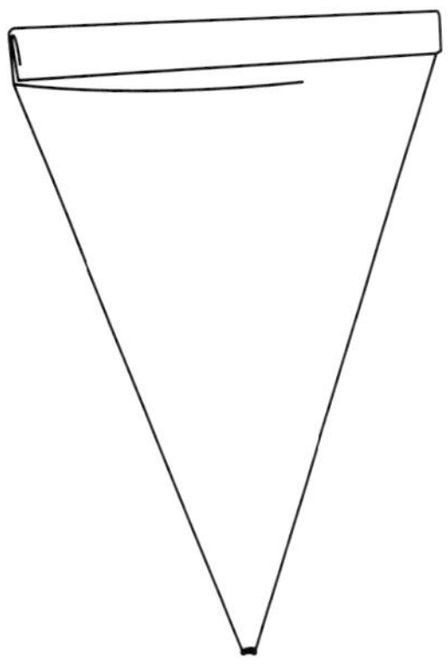

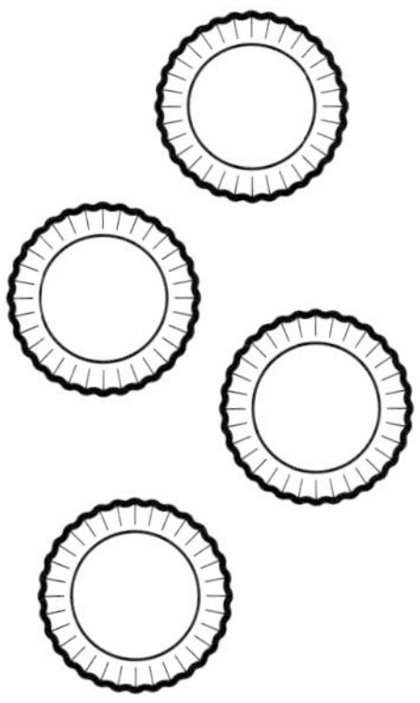

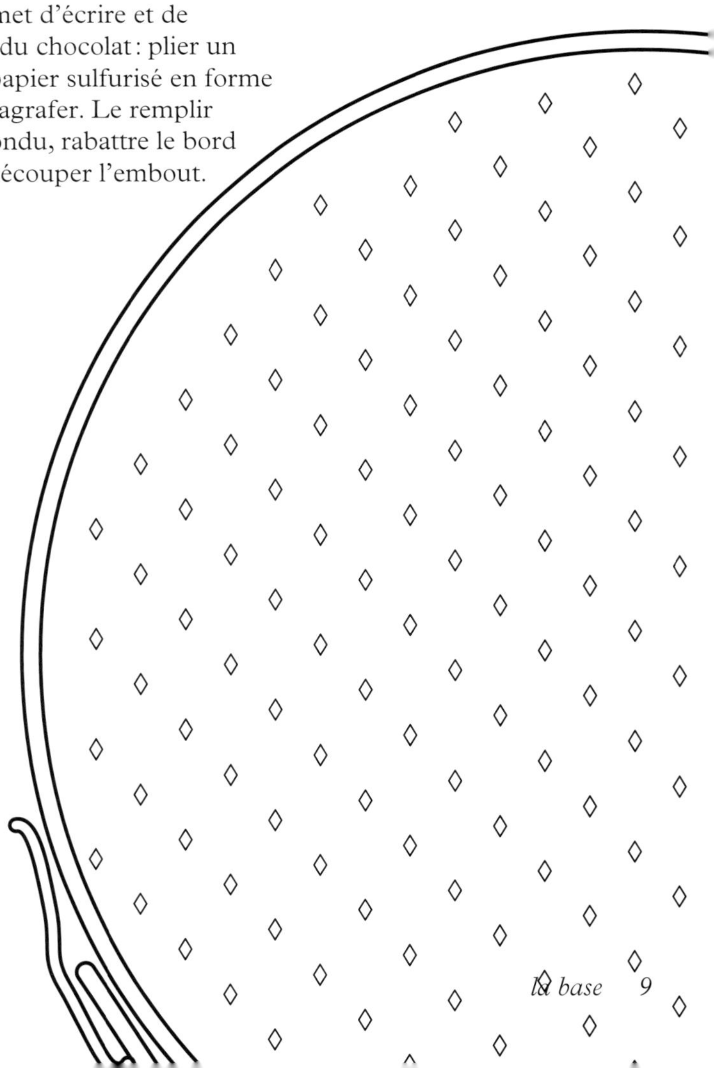

CADRES ET CERCLES (GRANDS ET INDIVIDUELS)

Pour monter un gâteau à étage ou un entremet ou pour cuire un biscuit (type génoise) dans une forme choisie.

EMPORTE-PIÈCE

Très pratique pour découper proprement, au même gabarit si on le souhaite, une génoise, une pâte sucrée, une pâte feuilletée, de la pâte d'amande, un fruit, etc. Il existe différentes formes et différentes tailles d'emporte-pièce, à choisir selon l'utilisation.

1

Leçon n°01

COMMENT FAIRE LES CHIPS D'ANANAS DU PETIT DESSERT

POUR UNE VINGTAINE DE CHIPS
PRÉPARATION 10 MINUTES – CUISSON 2 HEURES

il vous faut chez l'épicier
½ ananas victoria
100 g de sucre glace

matériel de pâtisserie
2 silpat®
1 plaque à pâtisserie

Laver l'ananas et bien l'essuyer. Le couper en fines tranches à l'aide d'un couteau bien aiguisé. Retirer la peau à l'emporte-pièce ou au couteau. Éponger les tranches d'ananas sur du papier absorbant pour retirer un maximum d'humidité.

Recouvrir les tranches de sucre glace.

Les disposer sur une plaque entre deux feuilles silpat®. Enfourner à 140 °C pour 2 heures. À mi-cuisson, retirer la feuille du dessus et continuer le séchage. Retourner les tranches de temps en temps.

Les tranches d'ananas seront encore souples à la sortie du four. Laisser refroidir à plat, elles vont durcir. Les décoller ensuite délicatement.

1

2

3

4

2

Leçon n°02

COMMENT FAIRE LES CHIPS D'AGRUMES SUR LE MINI-BABA

POUR UNE TRENTAINE DE CHIPS
PRÉPARATION 10 MINUTES – CUISSON 1HEURE

il vous faut chez l'épicier
1 orange
50 g de sucre
50 g d'eau

matériel de pâtisserie
2 silpat®
1 plaque à pâtisserie

Couper l'orange en très fines tranches. Les disposer à plat dans un récipient.

Faire un sirop en versant l'eau bouillante sur le sucre, mélanger. Verser le sirop chaud sur les tranches d'orange et laisser refroidir.

Lorsque les tranches d'orange sont froides et bien imbibées de sirop, les ranger sans les chevaucher sur une plaque munie d'un silpat®. Recouvrir d'un autre silpat® pour éviter que les oranges ne gondolent.

Enfourner à 140 °C pendant environ 1 heure. Décoller délicatement et laisser refroidir à plat. Conserver dans une boîte hermétique.

❶

❷

❸

❹

3

Leçon n°03

COMMENT FAIRE LES BULLES CONGELÉES SUR LA TARTELETTE

POUR ENVIRON 6 PERSONNES

PRÉPARATION 30 MINUTES – CUISSON 5 MINUTES – REPOS 6 HEURES

il vous faut chez l'épicier
250 g d'eau
40 g de sucre
120 g de jus de citron
le zeste d'1 citron
6 g de gélatine en feuille

matériel de pâtisserie
6 cercles individuels
1 plaque à pâtisserie
papier sulfurisé
1 mixeur plongeant

Tremper les feuilles de gélatine dans de l'eau froide. Porter l'eau et le sucre à ébullition. Lorsque le sucre est dissous, retirer la casserole du feu, ajouter le zeste et le jus de citron. Incorporer les feuilles de gélatine ramollies et essorées. Mélanger. Laisser prendre au frais pendant au moins 4 heures. L'appareil doit être pris comme une gelée.

Poser les cercles sur une plaque munie d'un papier sulfurisé.
À l'aide d'un mixeur plongeant, mixer la gelée en incorporant le plus d'air possible. Une écume blanche va se former. Récupérer les plus grosses bulles à l'aide d'une cuillère et les disposer dans les cercles. Entreposer au congélateur pendant au moins 2 heures. Si les bulles ne sont pas assez grosses, remettre la gelée au frais et remixer à chaque fois pour obtenir de belles bulles. Attendre que les bulles soient bien congelées et ne démouler qu'au dernier moment.

❶

❷

❸

4

Leçon n°04

COMMENT FAIRE LES TUILES PLATES ET CROUSTILLANTES DU MILLE-FEUILLE

POUR UNE VINGTAINE DE TUILES
PRÉPARATION 10 MINUTES – CUISSON 5 MINUTES

il vous faut chez l'épicier
90 g de sucre
2 blancs d'œufs (70 g)
40 g de farine
50 g de beurre fondu

matériel de pâtisserie
1 feuille de rhodoïd
1 spatule coudée
papier sulfurisé

Découper un pochoir de forme rectangulaire (6 x 9 cm) dans une feuille de rhodoïd, un calque transparent un peu rigide ou encore un carton plastifié. Préchauffer le four à 180 °C.

Battre les blancs d'œufs et le sucre jusqu'à ce que la préparation soit bien mousseuse mais pas complètement montée en neige. Incorporer la farine, puis le beurre fondu. Bien mélanger.

Poser le pochoir sur une feuille de papier sulfurisé. Déposer un peu d'appareil, puis lisser à l'aide d'une spatule coudée. Renouveler l'opération jusqu'à épuisement de la pâte et enfourner pour 5 minutes environ. Les tuiles sont cuites lorsque les bords commencent à dorer. Les décoller avec une spatule et laisser refroidir à plat.

1

2

3

4

5

Leçon n°05

COMMENT FAIRE LES TUILES TORSADE À LA PISTACHE SUR LA CRÈME

POUR 1 DOUZAINE DE TUILES
PRÉPARATION 30 MINUTES – REPOS 2 HEURES – CUISSON 15 MINUTES

il vous faut chez l'épicier
100 g de lait
200 g de sucre
40 g de farine
125 g de pistaches décortiquées
140 g de beurre fondu

matériel de pâtisserie
1 plaque à pâtisserie
1 silpat®
1 spatule coudée

Mélanger au fouet le lait et le sucre. Ajouter la farine, puis les pistaches concassées. Finir par le beurre fondu. Réserver au frais pendant 2 heures.

Déposer 2 grosses cuillères d'appareil au centre d'une plaque recouverte d'un silpat®. Étaler uniformément à l'aide d'une spatule coudée. Enfourner à 180 °C jusqu'à coloration, environ 15 minutes.

Sortir la plaque du four et laisser tiédir légèrement. À l'aide d'un couteau, découper dans la pâte des triangles isocèles allongés de 4 x 12 x 12 cm de côté. Les déposer encore chauds autour d'un verre pour leur donner une forme torsadée. Décoller les tuiles du verre quand elles ont refroidi.

Préparer une seconde plaque, enfourner pour une deuxième série de tuiles, puis recommencer jusqu'à épuisement de l'appareil.

❶

❷

❸

❹

6

Leçon n°06

COMMENT FAIRE LES JOLIES TUILES DENTELLE AU-DESSUS DES FRAISES

POUR UNE VINGTAINE DE TUILES
PRÉPARATION 10 MINUTES – CUISSON 5 MINUTES

il vous faut chez l'épicier
60 g de fraises
5 g de sucre
45 g d'eau
80 g de beurre fondu
15 g de farine

matériel de pâtisserie
1 tamis
1 fouet

Laver et équeuter les fraises. Les mixer puis les passer au tamis de manière à obtenir 45 g de purée de fraise.

Mélanger la purée, l'eau et le sucre. Réchauffer légèrement au micro-ondes pour que la préparation soit à peu près à la même température que le beurre fondu. Ajouter alors le beurre, puis la farine. Bien mélanger au fouet. Si l'appareil n'est pas homogène et forme de petits grumeaux, le faire chauffer doucement au bain-marie et fouetter à nouveau.

Faire chauffer une poêle antiadhésive sur feu fort. Déposer 1 cuillère à soupe d'appareil. Lorsque de petits trous se forment sur toute la surface de la tuile, baisser le feu. La tuile est cuite quand les bords sont légèrement dorés. La décoller avec une spatule et laisser refroidir à plat.

1
2
3

7

Leçon n°07

COMMENT FAIRE DE DRÔLES DE TUILES CYLINDRE À GARNIR

POUR UNE QUINZAINE DE TUILES À L'ORANGE
PRÉPARATION 30 MINUTES – CUISSON 12 MINUTES

il vous faut chez l'épicier
100 g de jus d'orange
250 g de sucre
60 g de farine
125 g de beurre fondu

matériel de pâtisserie
1 feuille de rhodoïd
1 silpat®
1 spatule coudée
cylindres en inox

Découper un pochoir rectangulaire de 10 x 11 cm dans du rhodoïd.

Fouetter le jus d'orange et le sucre. Ajouter la farine, bien mélanger, puis incorporer le beurre fondu refroidi.

Poser le pochoir sur un silpat®. À l'aide d'une spatule coudée, étaler uniformément un peu de pâte sur la forme, retirer le pochoir puis renouveler l'opération. Enfourner à 180 °C pendant 10 à 12 minutes. Les tuiles sont cuites lorsqu'elles sont bien colorées.

Attendre quelques instants avant de les décoller avec une spatule et de les rouler autour des cylindres (il est également possible d'utiliser des tubes en bois recouverts de papier aluminium). La tuile doit être légèrement refroidie et rigide pour pouvoir être manipulée. Si elle se déchire, c'est qu'elle n'est pas assez froide. Si au contraire elle a trop durci, la réchauffer rapidement au four.

❶

❷

❸

8

Leçon n°08

COMMENT FAIRE LA CRÈME BICOLORE SUR LES PETITES TARTES

POUR ENVIRON 6 À 8 PERSONNES
PRÉPARATION 10 MINUTES

il vous faut chez l'épicier
200 g de crème fleurette
1 cuillère à café d'extrait de vanille
1 cuillère à café de pâte de pistache
20 g de sucre glace

matériel de pâtisserie
3 poches
1 douille cannelée

Monter la crème bien froide et le sucre glace en chantilly. Diviser la crème en deux. Ajouter de la vanille dans la première moitié et de la pâte de pistache dans l'autre. Mélanger délicatement à la spatule.

Remplir une poche de chantilly vanille, une autre de chantilly pistache. Couper le bout de chaque poche et les insérer bien parallèlement dans une troisième poche préalablement munie d'une douille cannelée. Prendre soin de bien insérer le bout des deux poches garnies dans la douille, et bien pousser la crème jusqu'au bout.

❶

❷

9

Leçon n°09

COMMENT FAIRE UN JOLI GLAÇAGE AU CHOCOLAT

POUR 1 TRÈS GROS GÂTEAU OU 2 GÂTEAUX MOYENS
PRÉPARATION 5 MINUTES – CUISSON 15 MINUTES

il vous faut chez l'épicier
350 g d'eau
400 g de sucre
75 g de lait en poudre
100 g de cacao en poudre
300 g de crème fleurette
8 g de gélatine en feuille

matériel
1 fouet
1 spatule coudée

Tremper la gélatine dans de l'eau froide.

Mettre tous les autres ingrédients dans une casserole et cuire à petits bouillons pendant 15 minutes. Remuer de temps en temps au fouet.

Laisser tiédir puis ajouter la gélatine égouttée. Bien mélanger. Réserver au frais. Ce glaçage doit être bien froid pour être nappant.

Poser le gâteau à recouvrir sur une grille, puis poser le tout sur une plaque de façon à pouvoir récupérer l'excédent de glaçage. Recouvrir entièrement le gâteau, en s'aidant d'une spatule coudée. Laisser couler l'excédent de glaçage. Entreposer le gâteau au frais jusqu'à ce que le glaçage soit bien pris.

2
1

10

Leçon n°10

COMMENT FAIRE LES CAISSETTES EN CHOCOLAT À GARNIR

POUR 10 CAISSETTES
PRÉPARATION 5 MINUTES – CUISSON 5 MINUTES – REPOS 20 MINUTES

il vous faut chez l'épicier
100 g de chocolat noir
grossièrement haché

matériel de pâtisserie
1 pinceau
10 caissettes en papier

Faire fondre les deux tiers du chocolat au micro-ondes. Ajouter le tiers restant et mélanger.

À l'aide d'un pinceau, badigeonner de chocolat l'intérieur des caissettes en papier. Laisser durcir au frais avant de repasser une deuxième couche de chocolat.

Lorsque le chocolat est bien dur, retirer délicatement le papier.

❶
❷
❸

11

Leçon n°11
COMMENT FAIRE LA BELLE BANDE DE CHOCOLAT AUTOUR DU GROS GÂTEAU

POUR 1 GROS GÂTEAU
PRÉPARATION 20 MINUTES – CUISSON 5 MINUTES

il vous faut chez l'épicier
200 g de chocolat noir

matériel de pâtisserie
1 feuille guitare
1 thermomètre à pâtisserie
1 spatule coudée
papier sulfurisé
1 plaque à pâtisserie

Mesurer le tour du gâteau à décorer. Découper une forme rectangulaire dans une feuille guitare. Sa largeur doit être exactement égale à la hauteur du gâteau, sa hauteur au tour du gâteau + 2 mm.

Faire fondre 130 g de chocolat au bain-marie sans jamais dépasser les 45 °C. Retirer du bain-marie et ajouter les 70 g restant. Mélanger et laisser descendre en température jusqu'à 34-35 °C.

Placer le rectangle de feuille guitare sur une feuille de papier sulfurisé et étaler rapidement le chocolat sur toute la bande à l'aide d'une spatule coudée. Placer sur une plaque froide ou entreposer dans un endroit frais.

Quand le chocolat se fige (il doit néanmoins rester souple), manipuler la bande avec précaution et entourner le gâteau, côté chocolat contre le gâteau. Serrer pour joindre les deux bouts. Au moment de servir, retirer délicatement la feuille guitare.

1

2

3

4

12

Leçon n°12
COMMENT FAIRE LE MOTIF EN CHOCOLAT SUR LE GÂTEAU

POUR 1 GÂTEAU
PRÉPARATION 10 MINUTES – CUISSON 5 MINUTES

il vous faut chez l'épicier
100 g de chocolat noir

matériel de pâtisserie
papier sulfurisé
1 feuille guitare
1 motif au choix
1 thermomètre à pâtisserie

Former un cône avec un rectangle de papier sulfurisé et agrafer le bord. Réserver. Choisir un motif à la taille du gâteau à décorer.

Faire fondre les deux tiers du chocolat au bain-marie (maximum 45 °C). Ajouter le tiers restant hors du feu. Lorsque le chocolat est bien lisse, laisser redescendre légèrement la température (jusqu'à 34-35 °C).

Remplir le cône de chocolat, puis rabattre le bord du cône par pliages successifs. Placer la feuille guitare sur le motif à dessiner. Couper la pointe du cône et décalquer le motif d'un geste régulier en laissant couler le chocolat.

Laisser refroidir sur une plaque froide ou dans un endroit frais. Décoller dès que le chocolat est dur et déposer avec précaution sur le gâteau à décorer.

1

3

2

4

13

Leçon n°13

COMMENT FAIRE LE DÉCOR COLORÉ SUR LES PETITS CHOCOLATS

POUR 24 DÉCORS

PRÉPARATION 15 MINUTES – CUISSON 2 MINUTES – REPOS 2 HEURES

il vous faut chez l'épicier
100 g de chocolat blanc
100 g de crème fraîche liquide
4 colorants différents

matériel de pâtisserie
1 fouet

Faire chauffer la crème. Au premier bouillon, retirer du feu et verser sur le chocolat blanc en morceaux. Attendre 2 minutes, puis remuer au fouet en faisant de petits cercles concentriques. Lorsque le mélange est lisse, brillant et homogène, la ganache est prête.

Verser la ganache dans 4 bols et ajouter dans chacun d'eux un colorant différent. Bien remuer.

À l'aide d'une petite cuillère, déposer un peu de ganache au centre de chaque chocolat pour obtenir un rond coloré. Étaler très légèrement avec le dos de la cuillère.

Réserver 2 heures au frais avant de consommer. La ganache colorée demeure souple, attention à ne pas superposer les chocolats.

❸
❷
❶

14

Leçon n°14

COMMENT FAIRE LES BOULES DE CHOCOLAT SUR LE GÂTEAU

POUR 7 GROSSES BOULES ET 12 PETITES BOULES
PRÉPARATION 40 MINUTES – CUISSON 10 MINUTES – REPOS 40 MINUTES

il vous faut chez l'épicier
350 g de chocolat noir grossièrement haché
150 g de crème fleurette
50 g de lait

matériel de pâtisserie
2 plaques demi-sphères en silicone (4 cm et 2,8 cm de diamètre)
1 poche

Faire fondre 130 g de chocolat noir au micro-ondes. Ajouter 70 g de chocolat et mélanger. À l'aide d'un pinceau, badigeonner de chocolat l'intérieur des alvéoles demi-sphères. Prendre soin de bien dessiner le bord. Laisser durcir au frais avant de renouveler l'opération deux fois.

Lorsque les coques sont dures, les démouler en retournant le moule et en poussant sur chaque alvéole. Remettre ensuite les coques dans les empreintes et réserver au frais.

Faire fondre les 150 g de chocolat restant avec le lait au micro-ondes. Laisser refroidir. Monter la crème fleurette bien froide en chantilly et incorporer délicatement le chocolat refroidi. Remplir une poche et garnir de mousse chaque demi-coque en chocolat. Démouler les coques et les assembler pour former des boules. La mousse fait office de colle. Conserver les boules au frais.

❶

❷

❸

❹

15

Leçon n°15

COMMENT FAIRE LES MINI-VACHERINS EN FORME DE COQUES

POUR 30 MINI-BOULES

PRÉPARATION 40 MINUTES – CUISSON 1 HEURE 30 – REPOS 1 HEURE

il vous faut chez l'épicier
2 blancs d'œufs
70 g de sucre en poudre
500 ml de sorbet à la framboise
500 ml de glace aux marrons

matériel de pâtisserie
2 plaques demi-sphères en silicone (4 cm de diamètre)

Monter les blancs en neige avec la moitié du sucre, en augmentant progressivement la vitesse du mixeur. Quand les blancs sont bien fermes, ajouter le reste de sucre.

À la petite cuillère, tapisser de meringue les parois des demi-sphères de l'une des plaques. Enfourner à 90-100 °C pendant 1 heure 30 minimum. Vérifier la cuisson des meringues avant de les démouler : elles doivent être complètement sèches et bien blanches.

Faire ramollir les glaces au réfrigérateur. Quand elles sont souples, remplir les demi-sphères de la seconde plaque. Faire prendre au congélateur. Lorsque les demi-sphères sont bien dures, les démouler et les conserver au congélateur.

Remplir ensuite les demi-sphères de meringue de glace ramollie. Rassembler une demi-sphère glacée et une demi-sphère meringuée pour former une boule. La glace ramollie sert de colle. Replacer les boules au congélateur.

❶

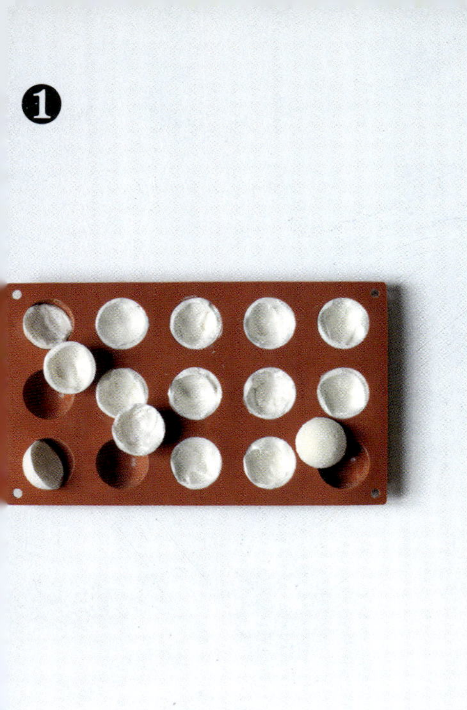

❷

❸

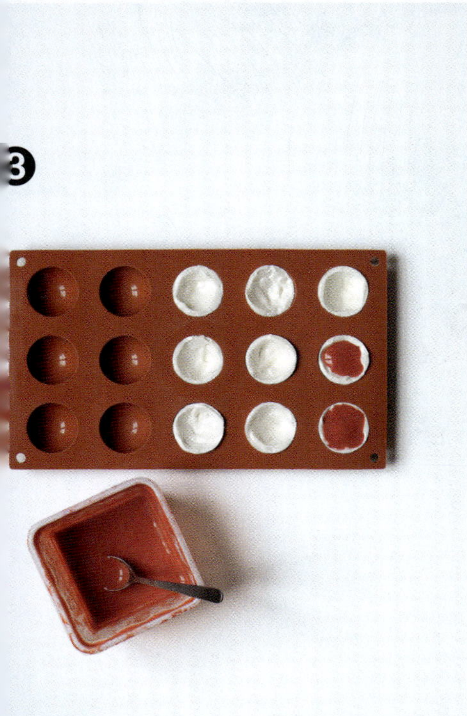

❹

16

Leçon n°16

COMMENT FAIRE LES PLAQUETTES DE CHOCOLAT BLANC AUTOUR DU GÂTEAU

POUR UN GROS GÂTEAU CARRÉ
PRÉPARATION 20 MINUTES – CUISSON 5 MINUTES – 15 MINUTES

il vous faut chez l'épicier
200 g de chocolat blanc

matériel de pâtisserie
1 feuille guitare
1 spatule coudée

Faire fondre 130 g de chocolat au bain-marie, puis ajouter le reste et mélanger. Le chocolat doit être lisse et homogène.

À l'aide d'une spatule coudée, étaler uniformément le chocolat sur la feuille guitare. Laisser prendre dans un endroit frais ou sur une plaque à pâtisserie froide.

Lorsque le chocolat est figé mais encore souple, le quadriller à l'aide d'un couteau pointu, pour dessiner des rectangles de différentes tailles. Les laisser durcir totalement avant de les décoller. Réserver au frais.

Au moment de servir, sortir les chocolats. Déposer un peu de crème sur une face (ou tout autre appareil en fonction du gâteau à décorer) et plaquer les faces enduites contre le gâteau. Chevaucher légèrement les plaques, de manière à ne pas laisser d'interstice et à recouvrir entièrement le tour du gâteau.

2

4

1

3

17

Leçon n°17

COMMENT FAIRE LE DÉCOR À LA GLACE ROYALE SUR LE GÂTEAU

POUR 1 GÂTEAU
PRÉPARATION 25 MINUTES – REPOS 1 NUIT

il vous faut chez l'épicier
1 blanc d'œuf
170 g de sucre glace
1 cuillère à café de jus de citron
colorant au choix

matériel de pâtisserie
1 poche
1 petite douille lisse
1 spatule coudée

Mélanger le blanc, le sucre et le jus de citron. Fouetter le mélange pendant 10 minutes environ, jusqu'à ce qu'il blanchisse et se raffermisse. Ajouter du colorant et continuer à fouetter jusqu'à ce que la couleur soit homogène.

Remplir du mélange coloré une poche à douille munie d'une petite douille lisse. Déposer un trait de glace royale sur le contour du gâteau à décorer : presser très légèrement la poche et tirer pour que le trait soit bien régulier. Laisser prendre 1 heure au frais pour que le contour soit dur.

Répartir de la glace royale sur le gâteau et étaler à la spatule coudée jusqu'au contour durci. Laisser prendre plusieurs heures au frais jusqu'à durcissement de la glace royale. Une fois la première couche durcie, en appliquer une seconde, selon le motif et la couleur désirés.

❶

❷

❸

❹

18

Leçon n°18

COMMENT FAIRE L'HABILLAGE EN PÂTE D'AMANDE AUTOUR DES PETITS MOELLEUX

POUR ENVIRON 12 MINI-ENTREMETS
PRÉPARATION 20 MINUTES

il vous faut chez l'épicier
600 g de pâte d'amande décor à 22 % d'amande (ou à défaut de la pâte d'amande à 33 %)
40 g de maïzena
60 g de sucre glace

matériel de pâtisserie
1 rouleau

Mélanger la maïzena et le sucre glace. Couper la pâte d'amande en morceaux de 50 g environ.

Saupoudrer le plan de travail du mélange de maïzena et de sucre glace et saupoudrer légèrement la pâte d'amande du même mélange. Étaler chaque morceau de pâte d'amande au rouleau de manière à former des cercles.

Pour pouvoir couvrir complètement le gâteau, le diamètre de la pâte d'amande doit être égal au diamètre du gâteau + 2 fois la hauteur du gâteau.

Déposer les cercles de pâte d'amande sur les gâteaux et découper la pâte d'amande au couteau au ras du gâteau.

❶

❸

❷

❹

19

Leçon n°19

COMMENT RECOUVRIR LE GÂTEAU DE MERINGUE ITALIENNE

POUR 1 GROS GÂTEAU
PRÉPARATION 30 MINUTES – CUISSON 10 MINUTES ENVIRON

il vous faut chez l'épicier
220 g de sucre
80 g d'eau
2 blancs d'œufs

matériel de pâtisserie
1 thermomètre de pâtisserie
1 chalumeau

Porter l'eau et le sucre à ébullition et cuire jusqu'à 118 °C maximum.

Pendant ce temps, commencer à battre les blancs en neige ferme.

Lorsque le sirop est à température, le verser doucement sur les blancs, en filet, et continuer à battre en diminuant la vitesse. Une fois le sirop incorporé, fouetter à grande vitesse jusqu'à complet refroidissement du bol, pendant environ 10 minutes. La meringue doit être bien brillante et ferme.

À l'aide d'une spatule, étaler la meringue sur toute la surface du gâteau. Passer ensuite la meringue au chalumeau, de manière à obtenir une légère coloration. Servir sans attendre.

❶

❷

20

Leçon n°20

COMMENT FAIRE LES NIDS EN CARAMEL

POUR 6 À 8 COQUES

PRÉPARATION 15 MINUTES – CUISSON 10 MINUTES

il vous faut chez l'épicier
120 g de sucre
60 g d'eau
2 cuillères à soupe d'huile végétale

matériel de pâtisserie
1 louche

Mettre l'eau et le sucre dans une petite casserole à fond épais. Faire chauffer à feu moyen jusqu'à ce que le sucre soit dissous. Porter le mélange à ébullition puis baisser le feu. Laisser frémir sans remuer, jusqu'à ce que le sirop se colore et se transforme en caramel. Retirer la casserole du feu. Attendre que les bouillonnements cessent et que le caramel tiédisse avant de le travailler.

Huiler légèrement l'extérieur d'une louche. À l'aide d'une cuillère, prélever un peu de caramel et faire des allers-retours au dessus de la louche de façon à former une sorte de treillis. Laisser prendre quelques instants avant de décoller le nid en caramel.

Renouveler l'opération jusqu'à épuisement du caramel. S'il a trop refroidi, le réchauffer sur feu doux. Conserver les nids bien au sec, à l'abri de l'humidité.

1

2

3

4

21

Leçon n°21

COMMENT FAIRE LES PETITES NOISETTES CARAMÉLISÉES

POUR 20 NOISETTES
PRÉPARATION 15 MINUTES – CUISSON 20 MINUTES

il vous faut chez l'épicier
120 g de sucre
60 g d'eau
20 noisettes entières

matériel de pâtisserie
1 morceau de polystyrène
20 cure-dents

Torréfier les noisettes. Les placer 10 minutes au four à 180 °C. Les piquer ensuite avec un cure-dent en prenant soin de ne pas les casser. Préparer un morceau de polystyrène. Le principe est d'avoir un support surélevé dans lequel piquer les noisettes tête en bas de telle sorte que le caramel coule et forme une pointe.

Préparer le caramel. Faire chauffer sur feu moyen le sucre et l'eau. Porter le mélange à ébullition puis baisser le feu. Laisser frémir sans remuer, jusqu'à ce que le sirop se colore et se transforme en caramel. Retirer la casserole du feu. Attendre que les bouillonnements cessent et que le caramel tiédisse avant de l'utiliser.

Plonger les noisettes dans le caramel légèrement épaissi. S'il a durci, le réchauffer sur feu moyen. Piquer chaque cure-dent à la verticale dans le polystyrène, noisette tête-en-bas, et laisser couler le caramel. Laisser refroidir avant de récupérer les noisettes.

❶

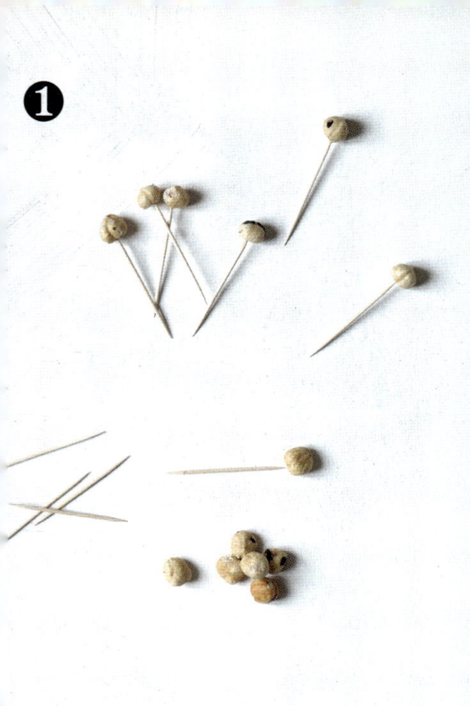

❷

❸

❹

22

Leçon n°22

COMMENT FAIRE LE DÉCOR AU CARAMEL DES TARTELETTES

POUR ENVIRON 12 DÉCORS
PRÉPARATION 5 MINUTES – CUISSON ENVIRON 10 MINUTES

il vous faut chez l'épicier
100 g de sucre
20 g d'eau

matériel de pâtisserie
papier sulfurisé

Porter l'eau et le sucre à ébullition, puis laisser cuire à feu doux sans remuer jusqu'à l'obtention d'un caramel. Laisser tiédir légèrement hors du feu.

Avec une cuillère à dessert, prélever un peu de caramel et laisser couler en dessinant un motif aléatoire sur une feuille de papier sulfurisé. Laisser refroidir, puis décoller lorsque le caramel est bien dur.

❸
❶
❷

23

Leçon n°23

COMMENT FAIRE LA DENTELLE AU CARAMEL SUR LE GÂTEAU

POUR UNE VINGTAINE DE TUILES
PRÉPARATION 10 MINUTES – CUISSON 5 MINUTES

il vous faut chez l'épicier
100 g de sucre
30 g de beurre
2 cuillères à soupe d'eau

matériel de pâtisserie
1 plaque à pâtisserie
1 silpat®

Réaliser un caramel en chauffant le sucre et l'eau sur feu doux sans remuer. Lorsque le caramel est bien doré, le retirer du feu et y incorporer le beurre. Mélanger et verser immédiatement sur une plaque. Laisser durcir.

Une fois le caramel dur et refroidi, le casser et le passer au mixeur.

Tamiser la poudre de caramel sur une plaque munie d'un silpat® et enfourner pendant 5 à 10 minutes dans un four à 200 °C éteint. Le caramel est prêt lorsqu'il n'a plus l'aspect de poudre mais de dentelle.

Laisser refroidir la dentelle avant de la décoller délicatement.

1
2
3
4

24

Leçon n°24

COMMENT APPLIQUER LA FEUILLE D'OR SUR LES CUBES DE CHOCOLAT

POUR 15 CUBES
PRÉPARATION 15 MINUTES – CUISSON 2 MINUTES – REPOS 45 MINUTES

il vous faut chez l'épicier
300 g de chocolat noir
300 g de crème liquide

matériel de pâtisserie
1 feuille d'or
papier sulfurisé

Préparer une ganache pour glacer les cubes. Porter la crème à ébullition. Verser sur le chocolat en morceaux et attendre 2 minutes. Mélanger doucement au fouet en partant du centre jusqu'à ce que la ganache soit homogène et lisse.

Tremper les cubes dans la ganache à l'aide d'un cure-dent ou d'une petite fourchette. Les poser sur du papier sulfurisé et laisser prendre au frais environ 45 minutes.

À l'aide d'un couteau pointu, prélever un morceau de feuille d'or et le déposer sans le toucher sur le dessus du cube. Renouveler l'opération sur tous les cubes. Servir.

1

3

2

4

25

Leçon n°25

COMMENT FAIRE LES JOLIS PÉTALES DE FLEURS CRISTALLISÉS SUR LES MENDIANTS

PRÉPARATION 15 MINUTES
SÉCHAGE 1 NUIT

il vous faut chez l'épicier
1 assortiment de fleurs comestibles (rose, pensées, violettes, etc.)
1 blanc d'œuf
100 g de sucre en poudre

matériel de pâtisserie
1 pinceau
1 plaque à pâtisserie
papier sulfurisé

Détacher les pétales des grosses fleurs.

À l'aide d'un pinceau, les badigeonner de blanc d'œuf sur les deux faces, puis les recouvrir de sucre. Secouer ensuite légèrement les pétales afin d'ôter l'excédent de sucre.

Déposer les pétales sur une plaque recouverte de papier sulfurisé. Laisser sécher une nuit près d'un radiateur ou dans un four à 40 °C.

❸
❷
❶

26

Leçon n°26

COMMENT FAIRE LES CHOUX AU GLAÇAGE PARFAIT

POUR 30 PETITS CHOUX

PRÉPARATION 20 MINUTES – CUISSON 5 MINUTES – REPOS 2 HEURES

il vous faut chez l'épicier
30 choux (3 cm de diamètre)
400 g de fondant
4 cuillères à soupe d'eau
4 colorants différents (blanc, rose, jaune, vert)

matériel de pâtisserie
2 plaques en silicone demi-sphères (4 cm de diamètre)

Faire fondre le fondant au bain-marie avec l'eau. Le répartir dans quatre bols et ajouter dans chacun d'eux quelques gouttes de colorants différents. Pour obtenir des couleurs pastels, ajouter très peu de colorant. Si le fondant est trop épais, ajouter un peu d'eau tiède.

Verser une cuillère à café rase de fondant dans chaque alvéole et placer un chou retourné sur le fondant. Appuyer légèrement pour que le fondant remonte sur les bords du chou. Renouveler l'opération en alternant les couleurs. Placer au congélateur (assez puissant) pendant environ 2 heures.

Démouler en pressant d'un geste rapide sur le dos des alvéoles, jusqu'à ce que les choux se décollent.

❷
❸
❶

27

Leçon n°27

COMMENT RÉALISER L'INSERT DU PETIT DÔME

POUR 15 INSERTS

PRÉPARATION 15 MINUTES – CUISSON 15 MINUTES – REPOS 4 HEURES

il vous faut chez l'épicier
150 g d'abricot congelés
60 g de sucre
6 g de gélatine en feuille
1 trait de citron
200 g de lait de coco
200 g de crème fleurette
6 sablés coco
matériel de pâtisserie
1 moule demi-sphères en silicone (4 cm de diamètre)

Tremper les feuilles de gélatine dans de l'eau froide. Cuire sur feu doux les abricots encore congelés avec 10 g de sucre. Lorsqu'ils commencent à compoter, retirer du feu et ajouter le jus de citron. Mixer puis incorporer le tiers de la gélatine bien égouttée. Mélanger. Couler dans les demi-sphères et placer au congélateur pour 1 heure.

Porter à ébullition le lait de coco et le sucre. Ajouter la gélatine restante essorée. Mélanger, laisser tiédir.

Monter la crème en chantilly et incorporer délicatement au lait de coco. Remplir le fond des alvéoles avec la mousse. Déposer un insert abricot puis recouvrir entièrement de mousse. Laisser prendre au congélateur au moins 3 heures. Lorsque les dômes sont durs, les démouler et les déposer sur les sablés. Réserver au réfrigérateur au moins 1 heure le temps que les dômes décongèlent.

❶

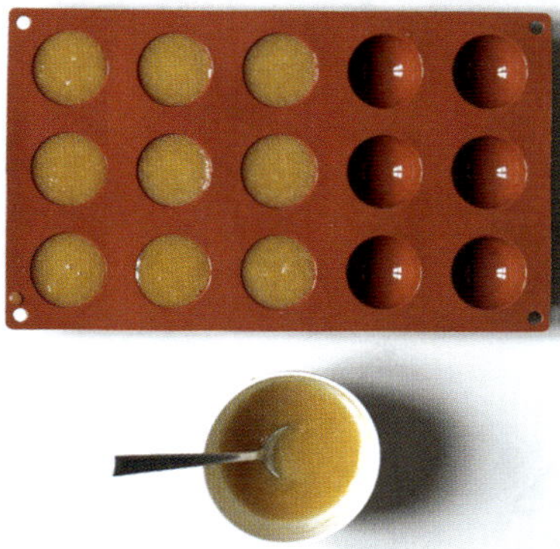

❷

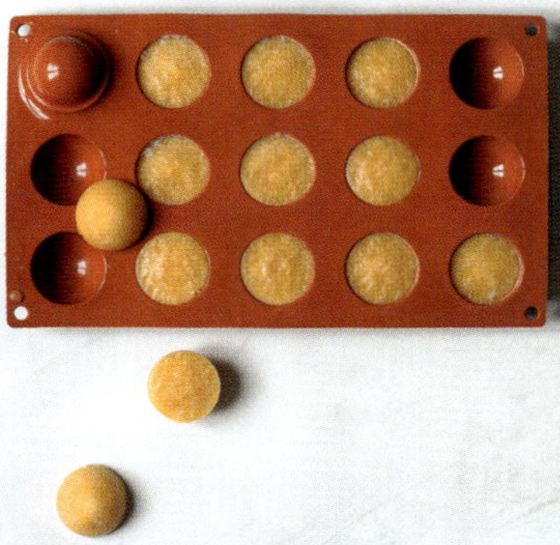

❸

❹

28

Leçon n°28

COMMENT FAIRE L'ÉCUME DE LAIT SUR LE COULANT AU CHOCOLAT

POUR 6 PERSONNES
PRÉPARATION 15 MINUTES – CUISSON 5 MINUTES – CUISSON 5 MINUTES

il vous faut chez l'épicier
250 g de lait
10 g de sucre
1 clou de girofle
1 pointe de badiane
1 cuillère à café de cannelle
1 cuillère à café d'extrait de vanille

matériel de pâtisserie
1 mixeur plongeant

Mettre tous les ingrédients dans une casserole.
Maléanger, porter à ébullition, puis filtrer.

À l'aide d'un mixeur plongeant, faire mousser le lait en incorporant autant d'air que possible. Récupérer l'écume avec une cuillère et dresser aussotôt.

1
2
3

Utiliser des petits nids de caramel pour faire des œufs à la neige… recette page 70.

QUELQUES IDÉES DE RECETTES À DÉCORER

SANDWICH D'ANANAS À LA CRÈME DE COCO

POUR 4 PERSONNES – PRÉPARATION 10 MINUTES

200 g de crème de noix de coco (25% de matières grasses)
100 g de crème fleurette
30 g de sucre glace
8 chips d'ananas (voir leçon n°1)

Mélanger la crème de coco, la crème fleurette et le sucre glace. Monter le tout en chantilly. Disposer un peu de crème entre deux tranches d'ananas. Servir sans attendre.

PAINS DE GÊNES À L'ORANGE

POUR 12 SAVARINS – PRÉPARATION 30 MINUTES – CUISSON 20 MINUTES

200 g de pâte d'amande à 50%
40 g de farine
3 œufs
½ cuillère à café de levure
80 g de beurre
1 orange
200 g de crème fleurette
20 g de sucre glace
Décor - 12 chips d'orange (voir leçon n°2)

Fouetter la pâte d'amande. Ajouter les œufs un par un tout en continuant à fouetter. Lorsque le mélange est bien homogène, le placer le sur un bol d'eau bouillante et continuer à fouetter jusqu'à ce que l'appareil se réchauffe. Retirer du bain-marie et battre jusqu'à complet refroidissement. La pâte doit être mousseuse et légère. Incorporer à la spatule la farine et la levure tamisées, puis le beurre fondu refroidi et le zeste de l'orange. Verser l'appareil dans des moules à savarin préalablement beurrés et farinés. Faire cuire environ 20 minutes à 180 °C. Vérifier la cuisson en piquant un cure-dent : il doit ressortir sec. Laisser refroidir sur une grille. Faire réduire le jus de l'orange d'un tiers. Laisser refroidir. Monter la crème avec le sucre glace en chantilly. Ajouter le jus d'orange réduit. Dresser un peu de crème dans le creux du savarin et décorer avec une chips d'orange.

TARTES AU CITRON GIVRÉES

POUR 6 PERSONNES – PRÉPARATION 15 MINUTES – CUISSON 50 MINUTES

1 pâte sablée
200 g de jus de citron
140 g de sucre
1 cuillère à soupe de maïzena
4 œufs
60 g de beurre fondu
Décor - bulles congelées (voir leçon n°3)

Dérouler ou étaler la pâte puis la disposer dans un moule. La piquer avant de l'enfourner et cuire pendant 15 à 20 minutes à 180 °C. Pendant ce temps, fouetter le sucre et les œufs. Ajouter la maïzena, mélanger puis incorporer le jus de citron et le beurre fondu refroidi. Verser l'appareil sur la pâte pré-cuite et enfourner à 180 °C pour 30 minutes environ. La tarte est cuite lorsque la crème au citron est figée et légèrement dorée. Laisser refroidir la tarte avant de la démouler. À l'aide d'un emporte-pièce, découper des mini-tartes à la forme des bulles. Au moment de servir, surmonter les tartes de bulles congelées. Déguster de suite.

MILLE-FEUILLES DE FRUITS ROUGES

POUR 6 PERSONNES – PRÉPARATION 15 MINUTES

1 barquette de framboise
1 barquette de groseilles
1 barquette de myrtilles
250 g de fraises
150 g de crème fleurette
15 g de sucre glace
18 tuiles rectangulaires (voir leçon n°4)

Laver tous les fruits. Monter la crème et le sucre en chantilly. Déposer un peu de crème au centre d'une tuile et des fruits rouges autour. Surmonter d'une autre tuile et répéter l'opération. Finir par une tuile. S'il reste des fruits (framboises et fraises), les mixer avec un trait de jus de citron et du sucre glace pour faire un coulis qui accompagnera les mille-feuilles.

CRÈME À LA VANILLE, TUILE PISTACHE

POUR 6 PERSONNES – PRÉPARATION 20 MINUTES – CUISSON 20 MINUTES

500 g de lait
5 jaunes d'œufs
90 g de sucre
1 gousse de vanille
Décor - 6 tuiles pistache (voir leçon n°5)

Porter à ébullition le lait et la vanille fendue en deux et grattée. Éteindre le feu, laisser infuser. Blanchir les jaunes avec le sucre à l'aide d'un fouet. Verser dessus le lait tiède en filtrant. Bien mélanger puis laisser reposer 5 minutes. Ôter l'écume et verser le mélange dans des bols ou des ramequins. Les disposer dans un panier-vapeur et faire cuire pendant 15 minutes environ. Les crèmes sont cuites lorsqu'elles commencent à figer. Les placer au frais. Les crèmes peuvent également cuire dans un bain-marie au four. Dans ce cas, les placer dans un grand plat, verser de l'eau à mi-hauteur et enfourner à 150 °C pour 40 à 50 minutes. Une fois les tuiles bien froides, en poser une sur chaque bol. Attendre le dernier moment pour faire l'assemblage, les tuiles risquent sinon de ramollir au contact de la crème.

FRAISES ET COMPOTÉE DE RHUBARBE

POUR 4 PERSONNES – PRÉPARATION 10 MINUTES – CUISSON 20 MINUTES

500 g de rhubarbe surgelée
100 g de sucre
1 gousse de vanille
500 g d'eau
250 g de fraises
Décor - 4 tuiles à la fraise (voir leçon n°6)

Porter à ébullition l'eau, le sucre et la gousse de vanille fendue en deux et grattée. Lorsque le sucre est complètement dissous, baisser le feu et faire pocher la rhubarbe jusqu'à ce qu'elle soit bien tendre, soit 15 minutes environ. Bien égoutter la rhubarbe et la dresser dans un cercle. Ajouter ensuite des lamelles de fraises disposées en rosace. Surmonter d'une tuile à la fraise. Accompagner éventuellement ce dessert d'un coulis de fraise : mixer quelques fraises avec un peu du sirop de rhubarbe restant.

TUILES À L'ORANGE, CRÈME CITRON

POUR 8 PERSONNES – PRÉPARATION 30 MINUTES – CUISSON 10 MINUTES

125 g de jus de citron
2 œufs
140 g de sucre
10 g de maïzena
3 g de gélatine en feuille
160 g de beurre fondu
8 tuiles cylindres à l'orange (voir leçon n°7)

Tremper les feuilles de gélatine dans de l'eau froide.

Dans une casserole, mélanger les œufs, le sucre, la maïzena et le jus de citron. Faire cuire sur feu moyen, tout en remuant au fouet comme une crème pâtissière. Lorsque le mélange épaissit, retirer du feu et ajouter la gélatine égouttée. Mélanger. Incorporer enfin le beurre, bien mélanger au fouet. Filmer la crème pour qu'elle ne croûte pas et entreposer au frais. Une fois la crème bien refroidie, la transvaser dans une poche munie d'une douille lisse. Garnir les cylindres en incorporant la crème par chacune des deux extrémités des tuiles. Servir les tuiles au citron avec une petite salade d'oranges et des zestes de citron confits. Réaliser un sirop composé d'autant d'eau que de sucre et y plonger les zestes.

TARTE PISTACHE-CERISE, CHANTILLY BICOLORE

POUR 6 À 8 PERSONNES – PRÉPARATION 40 MINUTES – CUISSON 25 MINUTES

Pâte sucrée
50 g de sucre
100 g de farine
25 g de poudre d'amande
70 g de beurre pommade
1 œuf
Crème d'amande à la pistache
80 g de poudre d'amande
60 g de sucre glace
60 g de beurre pommade
2 œufs
1 petite cuillère à soupe de pâte de pistache
150 g de cerises amarena égouttées (ou griottes au sirop)
Décor - chantilly bicolore (voir leçon n°8)

Fouetter le beurre pommade avec le sucre jusqu'à obtenir une consistance mousseuse. Ajouter l'œuf et mélanger. Ajouter la farine et la poudre d'amande. Ne pas trop travailler la pâte, arrêter de battre dès que les éléments sont incorporés. Former une boule, envelopper la pâte dans du film alimentaire et laisser reposer au frais. La pâte doit être bien froide pour pouvoir être utilisée. Fouetter le sucre glace et le beurre pommade. Lorsque le mélange est homogène, ajouter les œufs. Bien mélanger. Incorporer la poudre d'amande à la spatule, puis ajouter la pâte de pistache. Étaler la pâte sucrée et la disposer dans un moule carré préalablement recouvert de papier sulfurisé. Couler la crème d'amande à la pistache. Parsemer de cerises bien égouttées et enfourner pour 20 à 25 minutes à 180 °C. Laisser refroidir. Détailler en rectangles et garnir le dessus des tartes de chantilly bicolore.

LE GROS GÂTEAU AU CHOCOLAT

PRÉPARATION 20 MINUTES – CUISSON 20 À 30 MINUTES

200 g de chocolat noir
5 œufs
180 g de beurre en petits morceaux
1 cuillère à soupe d'extrait de vanille
200 g de sucre glace
20 g de sucre semoule
100 g de farine
75 g de poudre d'amande
Décor - glaçage au chocolat bien froid (voir leçon n°9)

Préchauffer le four à 200 °C. Séparer les blancs des jaunes d'oeufs.

Faire fondre le chocolat et le beurre au micro-ondes. Mélanger, puis ajouter la vanille, les jaunes d'œufs et le sucre glace. Mélanger à nouveau. Ajouter la poudre d'amande, puis incorporer la farine. Bien mélanger. Monter les blancs en neige, puis ajouter petit à petit le sucre semoule, en fouettant toujours. Incorporer les blancs à la préparation au chocolat jusqu'à obtention d'une pâte homogène. Verser dans un grand moule préalablement beurré et fariné et enfourner pour 20 à 30 minutes en fonction de l'épaisseur du gâteau. La pointe d'un couteau doit ressortir sèche. Laisser tiédir.

Poser le gâteau refroidi sur une grille, puis le recouvrir de glaçage comme indiqué leçon n°9.

CUPCAKES CHOCO-PISTACHE

POUR 30 MINI-CUPCAKES – PRÉPARATION 25 MINUTES – CUISSON 7 MINUTES

2 œufs
60 g de sucre
30 g de farine
75 g de chocolat noir
60 g de beurre
120 g de chocolat blanc
150 g de crème fleurette
1 cuillère à soupe de pâte de pistache
Décor - 30 caissettes en chocolat (voir leçon n°10)

Porter 50 g de crème fleurette à ébullition. Verser sur le chocolat blanc grossièrement haché et la pâte de pistache. Bien mélanger. Ajouter la crème restante froide, mélanger et réserver au frais.

Pendant ce temps, préparer les petits moelleux. Faire fondre le chocolat noir et le beurre au micro-ondes. Fouetter le sucre et les œufs, ajouter le chocolat et le beurre, bien mélanger. Incorporer délicatement la farine, puis verser dans les empreintes d'un moule ½ sphères en silicone (diamètre 2,8 cm). Enfourner à 180 °C pendant 5 à 7 minutes. Laisser refroidir avant de démouler. Disposer un petit moelleux dans chaque caissette en chocolat. Retailler si besoin est. Fouetter la ganache à la pistache bien froide en chantilly. Remplir une poche munie d'une douille cannelée et décorer chaque caissette d'une rosace de ganache à la pistache. Préparer cette ganache la veille et la laisser reposer au frais la nuit avant de la fouetter, elle n'en sera que meilleure.

LE CHOCO-FRAMBOISE

POUR 6 PERSONNES – PRÉPARATION 40 MINUTES – CUISSON 20 MINUTES – REPOS 2 HEURES

6 œufs
120 g de sucre + 50 g pour le sirop
20 g de cacao
50 g de poudre d'amande
100 g d'eau
300 g de chocolat noir
300 g de crème fleurette
200 g de framboise fraîches ou surgelées
Décor en chocolat (voir leçon n°12)

Séparer les blancs des jaunes d'œufs. Fouetter les jaunes avec 20 g de sucre. Monter les blancs en incorporant petit à petit le reste de sucre. Mélanger délicatement les deux préparations. Incorporer le cacao et la poudre d'amande, puis verser dans un moule beurré et fariné. Enfourner 20 minutes à 180 °C. Démouler à chaud et laisser refroidir avant de couper le biscuit en deux ou trois dans l'épaisseur. Réaliser un sirop en portant à ébullition l'eau et les 50 g de sucre. Pour la ganache, porter à ébullition la crème et verser sur le chocolat grossièrement haché. Mélanger délicatement. Couper les disques à l'aide d'un cercle un peu plus petit que le gâteau. Poser le cercle sur une plaque et apposer une bande de rhodoïd contre la paroi. Déposer une tranche de biscuit au fond du cercle et l'imbiber de sirop. Couler une couche de ganache puis parsemer de framboises. Poser un deuxième disque de biscuit, appuyer légèrement et renouveler éventuellement l'opération avec le troisième disque. Finir par une couche de ganache. Laisser prendre au frais. Lorsque la ganache est bien prise, retirer le cercle, puis décoller la bande de rhodoïd. Réserver à nouveau au frais et déposer le décor filigrane sur le gâteau au moment de servir.

GÉNOISE LÉGÈRE AU MATCHA, CHANTILLY ET CHOCOLAT BLANC

POUR 6 PERSONNES – PRÉPARATION 20 MINUTES – CUISSON 20 À 25 MINUTES

4 œufs
70 g de sucre
100 g de farine à gâteau avec levure incorporée
50 g d'huile végétale
10 g de matcha
80 g d'eau chaude
200 g de crème fleurette
20 g de sucre glace
Décor - plaquettes de chocolat blanc (voir leçon n°16)

Séparer les blancs des jaunes d'œufs. Faire infuser le matcha dans l'eau chaude puis laisser tiédir. Fouetter les jaunes avec 30 g de sucre. Ajouter l'huile et mélanger. Verser l'eau au matcha tiède, mélanger. Incorporer la farine tamisée, mélanger. Battre les blancs en neige en ajoutant le reste du sucre en trois fois. Incorporer délicatement au mélange précédent. Verser sur une plaque (38 x 28 cm) préalablement munie d'un papier sulfurisé. Faire cuire 20 à 25 minutes à 180 °C. Laisser refroidir avant de décoller du papier sulfurisé. Lorsque le biscuit est cuit, découper deux carrés. Monter la crème et le sucre glace en chantilly. Garnir de crème l'un des carrés en gardant un peu de crème pour coller les plaquettes de chocolat. Recouvrir de l'autre carré de biscuit. Décorer de chocolat balnc comme indiqué leçon n°16.

LE CUBE NORVÉGIEN

POUR 1 CUBE – PRÉPARATION 35 MINUTES – CUISSON 30 MINUTES

Cube de génoise
6 œufs
190 g de sucre
150 g de farine
40 g de poudre d'amande
Sirop
100 g de sucre
200 d'eau
50 g de rhum
Garniture
½ litre de glace vanille
Meringue italienne (voir leçon n°19)

Réaliser une génoise dans un moule rond et haut (18 x 14 cm). Fouetter les œufs et le sucre. Lorsque le mélange est bien mousseux, poser sur un bain-marie et continuer à fouetter jusqu'à ce que le mélange triple de volume. Retirer du bain-marie et fouetter à nouveau jusqu'à complet refroidissement. Incorporer délicatement à la spatule la farine et la poudre d'amande tamisées ensemble. Verser dans un moule beurré et fariné et enfourner à 180 °C pendant 25 à 30 minutes. Démouler à chaud et laisser refroidir. Tailler le cylindre en cube en y dessinant quatre arêtes de la même taille. À l'aide d'un emporte-pièce, creuser un puits au milieu du cube (ne creuser que jusqu'aux deux tiers de la hauteur du cube). Préparer le sirop. Porter l'eau et le sucre à ébullition. Ajouter le rhum hors du feu et laisser refroidir. Imbiber généreusement le cube de sirop. Remplir le puits de glace vanille préalablement ramollie au réfrigérateur. Reboucher le trou avec un morceau de génoise. Au moment de servir, recouvrir le cube de meringue italienne comme indiqué leçon n°19.

DES PETITS CUBES CHOCOLAT

POUR 15 CUBES – PRÉPARATION 15 MINUTES – CUISSON 15 MINUTES

80 g de sucre
20 g de cacao
3 œufs
35 g de beurre
35 g de chocolat noir

35 g d'amandes en poudre
1 cc d'extrait de vanille
1 pincée de sel
Ganache au chocolat (voir leçon n°24)
Décor - feuille d'or (voir leçon n°24)

Faire fondre le beurre et le chocolat au micro-ondes. Mélanger puis incorporer les amandes. Réserver. Fouetter un œuf entier et deux jaunes avec le sucre, le cacao et la vanille. Incorporer au mélange de chocolat. Monter les deux blancs restants en neige avec le sel, les incorporer délicatement à la préparation. Remplir les alvéoles d'un moule mini-cubes en silicone jusqu'à ½ cm du bord. Enfourner à 190 °C pendant 15 minutes. Démouler, laisser refroidir sur une grille. Pour appliquer la ganache et la feuille d'or, suivre la leçon n°24.

MENDIANTS AUX PÉTALES DE FLEURS

POUR ENVIRON 45 MENDIANTS
– PRÉPARATION 20 MINUTES

50 g de chocolat noir
50 g de chocolat au lait
50 g de chocolat blanc
Décor - 1 assortiment de fleurs cristallisées (voir leçon n°25)

Faire fondre les deux tiers du chocolat noir au bain-marie. Incorporer le tiers restant et bien mélanger. Sur une plaque munie d'une feuille guitare, déposer une petite cuillerée de chocolat fondu. Aplatir légèrement avec le dos de la cuillère pour former un petit disque. Déposer des pétales de fleurs cristallisés sur chaque mendiant et réserver dans un endroit frais. Répéter l'opération pour le chocolat au lait et le chocolat blanc. Une fois refroidis, les mendiants se décollent tout seuls.

ŒUFS À LA NEIGE

POUR 6 PERSONNES – PRÉPARATION 30 MINUTES
– CUISSON 5 À 10 MINUTES

5 œufs
120 g de sucre semoule
500 g de lait
1 gousse de vanille
Montage - 6 nids en caramel (voir leçon n°20)

Préparer la crème anglaise : séparer les blancs des jaunes d'œufs. Porter à ébullition le lait et la gousse de vanille fendue et grattée. Fouetter 60 g de sucre avec les jaunes d'œufs. Verser le lait chaud sur les jaunes tout en remuant. Cuire le tout sur feu doux jusqu'à ce que le mélange épaississe et nappe la cuillère. Réservez. Monter les blancs en neige avec 60 g sucre, jusqu'à ce qu'ils soient bien fermes et brillants. Prélever une cuillère de blancs et la déposer dans une casserole remplie d'eau frémissante. Laisser pocher 30 secondes de chaque côté puis éponger sur du papier absorbant. Déposer les blancs en neige dans les nids de caramel et servir avec la crème anglaise bien froide. Déguster immédiatement, le nid en caramel n'attend pas !

MINI-FINANCIERS NOISETTE

POUR ENVIRON 60 MINI-SPHÈRES
– PRÉPARATION 30 MINUTES – CUISSON 15 MINUTES

25 g de poudre d'amande
25 g de poudre de noisette
50 g de farine
150 g de sucre glace
125 g de blancs d'œufs
125 g de beurre
100 g de crème fleurette
Décor - 60 noisettes caramélisées (voir leçon n°21)

Faire fondre le beurre et le cuire jusqu'à ce qu'il soit noisette. Laisser refroidir. Tamiser la farine, ajouter les poudres et le sucre glace. Fouetter en incorporant petit à petit les blancs d'œufs. Lorsque l'appareil est bien homogène, verser le beurre noisette refroidi. Bien mélanger. Dresser dans des empreintes ½ sphères en silicone et faire cuire 10 à 15 minutes à 210 °C. Démouler les financiers. Laisser refroidir sur une grille. Monter la crème en chantilly. Il n'est pas nécessaire de la sucrer car les financiers et le caramel sont suffisamment sucrés. À l'aide d'une cuillère, déposer un peu de crème montée sur les financiers. Surmonter chaque mignardise d'une noisette caramélisée.

TARTES CARAMEL AU BEURRE SALÉ

POUR UNE DOUZAINE DE TARTELETTES
— PRÉPARATION 30 MINUTES — CUISSON 25 MINUTES

2 pâtes sablées
Garniture caramel au beurre salé
100 g de sucre
10 g de beurre salé
100 g de crème liquide
Ganache
120 g de chocolat noir
100 g de crème fleurette
Décors - 12 décors caramel (voir leçon n°22)

Foncer des petits moules à tartelettes avec la pâte. Recouvrir de papier sulfurisé et de billes de cuisson, puis faire cuire à 180 °C pendant 15 minutes. Laisser refroidir sur une grille. Porter à ébullition le sucre et 1 cuillère à soupe d'eau jusqu'à obtention d'un joli caramel ambré. Hors du feu, ajouter la crème liquide chaude. Remettre sur le feu et ajouter le beurre salé. Cuire encore une petite minute. Laisser tiédir. Verser le caramel au beurre salé dans les fonds de tartelettes refroidis. Laisser prendre au frais. Verser la crème chaude sur le chocolat en morceaux. Attendre 2 minutes puis mélanger jusqu'à obtention d'une ganache lisse. Recouvrir le caramel froid de ganache. Réserver au réfrigérateur jusqu'à ce que la ganache soit prise. Juste avant de servir, planter un décor caramel dans chaque tartelette.

MOUSSEUX VANILLE-NOISETTE

POUR 6 À 8 PERSONNES – PRÉPARATION 40 MINUTES – CUISSON 15 MINUTES – REPOS 4 HEURES

Dacquoise noisette
125 g de poudre de noisette
125 g de sucre glace
110 g de blancs d'œufs (environ 3 blancs)
30 g de sucre en poudre
Mousse vanille
100 g de lait
200 g de crème fleurette
120 g de mascarpone
50 g de sucre
1 gousse de vanille
5 g de gélatine en feuille
Décor - 6 dentelles de caramel (voir leçon n°23)

Confectionner la dacquoise. Monter les blancs en neige, en incorporant le sucre en poudre vers la fin. Ajouter la poudre de noisette et le sucre glace tamisés ensemble. Mélanger délicatement à la spatule. Verser dans un moule préalablement recouvert de papier sulfurisé. Enfourner à 200 °C pendant 10 à 15 minutes. Laisser refroidir avant de décoller du papier. Préparer la mousse vanille. Faire tremper la gélatine dans de l'eau froide. Porter à ébullition le lait et la gousse de vanille fendue en deux et grattée. Éteindre le feu, retirer la gousse, ajouter la gélatine essorée, bien mélanger et laisser tiédir. Monter la crème et le sucre en chantilly. Ajouter le mascarpone, continuer à battre, puis incorporer le lait vanillé. Couper la dacquoise avec un cadre carré de 16 x 16 cm. Poser le tout sur une planche. Tapisser les parois intérieures de rhodoïd. Couler la mousse vanille. Faire prendre au frais au moins 4 heures. Lorsque la mousse est bien prise. Démouler, couper en rectangle et décorer avec une dentelle de caramel.

PÂTE À CHOUX

POUR UNE CINQUANTAINE DE CHOUX – PRÉPARATION 40 MINUTES – CUISSON 25 MINUTES

4 œufs
125 g de lait
125 g d'eau
110 g de beurre
140 g de farine
½ cuillère à café de sel
5 g de sucre
Décor - glaçage parfait (voir leçon n° 26)

Préchauffer le four à 250 °C. Porter à ébullition l'eau, le lait, le beurre, le sucre et le sel. Hors du feu, ajouter la farine tamisée en une fois. Bien mélanger. Remettre sur le feu et dessécher la pâte pendant 2 minutes en remuant jusqu'à ce qu'elle se décolle des parois et forme une boule. Hors du feu, ajouter les œufs un à un à la pâte tiédie, en mélangeant énergiquement. Remplir une poche à douille munie d'une douille lisse de 12 mm. Tracer des cercles de 3 cm de diamètre sur l'envers d'un papier sulfurisé. Retourner le papier et former de petites boules de pâte à la taille des cercles. Tremper une fourchette dans l'eau et faire des croisillons sur chaque chou. Baisser le four à 160 °C et faire cuire pendant 20 à 25 minutes.

CRÈME PÂTISSIÈRE À LA VANILLE

PRÉPARATION 10 MINUTES – CUISSON 10 MINUTES – REPOS 1 HEURE

5 jaunes d'œufs
500 g de lait
100 g de sucre
40 g de maïzena
1 gousse de vanille

Porter à ébullition le lait et la gousse de vanille fendue en deux et grattée. Fouetter les jaunes avec le sucre, puis incorporer la maïzena. Verser la moitié du lait chaud filtré sur le mélange tout en remuant. Transvaser le tout dans la casserole et laisser cuire 5 minutes sur feu moyen en remuant. Le mélange doit épaissir et faire des bouillons. Filmer au contact de la crème pour éviter la formation d'une croûte et laisser refroidir au moins 1 heure. Remplir de crème bien froide une poche à douille munie d'une petite douille lisse. Après avoir percé chaque chou glacé (voir leçon n°26 pour le glaçage), les garnir de crème vanille.

SHOPPING

Peintures Ressource / www.ressource-peintures.com <http://peintures.com>

Mud / www.mudaustralia.com

Rina Menardi / www.rinamenardi.it

The Conran shop / www.conranshop.fr

Asa Selection / www.asa-selection.com

Mora / www.mora.fr

Mamie gâteaux / www.mamie-gateaux.com

Jia / www.jia-inc.com <http://inc.com>

Muji/ www.muji.fr

Sandrine ganem / www.sandrineganem.eu

Habitat / www.habitat.fr

Merci / www.merci-merci.com

Jeannine Cros / 01 45 48 00 67

Honoré / www.honore-france.com <http://france.com>

Kitchen Bazaar / www.kitchenbazaar.fr

SDA Décoration / www.sda-decoration.com

IKEA / www.ikea.com

Isabelle de Margerie / www.idemargerie.com

Authentics c/o Le Bon Marché Rive Gauche / www.lebonmarche.com <http://marche.com>
et www.authentics.de <http://www.authentics.de>

Gargantua / http://gargantua.ch

Dibbern / www.dibbern.de

L'atelier de Madame M / atelier.madame.m.free.fr <http://free.fr>

CFOC / www.cfoc.fr

Dépôt légal : mai 2010 / ISBN : 978-2-501-06579-5 / 4057220-01
Imprimé en Espagne par Graficas Estella